50 Recetas de Jugos para Disminuir Su Presión Arterial:

Una Forma Simple de Reducir La Presión Alta

Por

Joe Correa CSN

DERECHOS DE AUTOR

© 2016 Live Stronger Faster Inc.

Todos los derechos reservados

La reproducción o traducción de cualquier parte de este trabajo, más allá de lo permitido por la sección 107 o 108 del Acta de Derechos de Autor de los Estados Unidos, sin permiso del dueño de los derechos es ilegal.

Esta publicación está diseñada para proveer información precisa y autoritaria respecto al tema en cuestión. Es vendido con el entendimiento de que ni el autor ni el editor están envueltos en brindar consejo médico. Si éste fuese necesario, consultar con un doctor. Este libro es considerado una guía y no debería ser utilizado en ninguna forma perjudicial para su salud. Consulte con un médico antes de iniciar este plan nutricional para asegurarse que sea correcto para usted.

RECONOCIMIENTOS

La realización y éxito de este libro no habría sido posible sin la motivación y soporte de mi familia entera.

50 Recetas de Jugos para Disminuir Su Presión Arterial:

Una Forma Simple de Reducir La Presión Alta

Por

Joe Correa CSN

CONTENIDOS

Derechos de Autor

Reconocimientos

Acerca del Autor

Introducción

50 Recetas de Jugos para Disminuir Su Presión Arterial: Una Forma Simple de Reducir La Presión Alta

Otros grandes títulos de este autor

ACERCA DEL AUTOR

Como un nutricionista deportivo certificado, honestamente creo en los efectos positivos que la correcta nutrición puede tener en el cuerpo y mente. Mi conocimiento y experiencia me ha ayudado a vivir más sanamente a través de los años, y el cual he compartido con mis amigos y familia. Cuanto más usted sepa de comer y beber sano, más temprano querrá cambiar su vida y hábitos alimenticios.

La nutrición es una parte clave en el proceso de ser más saludable y vivir más años, por ello empiece hoy mismo.

INTRODUCCION

50 Recetas de Jugos para Disminuir Su Presión Arterial le ayudará a controlar mejor su presión arterial naturalmente y rápido. La hipertensión es un problema de salud serio que debería ser tratada con ejercicio y una nutrición apropiada. Estas recetas no deben reemplazar comidas, sino que deberían complementar las comidas diarias normales.

Estar demasiado ocupado para comer bien puede a veces convertirse en un problema y es por ello que este libro le ahorrará tiempo y le ayudará a nutrir su cuerpo para alcanzar las metas que desee.

Este libro le ayudará a:

-Disminuir la presión arterial alta

-Reducir grasas.

-Limpiar el torrente sanguíneo.

-Tener más energía.

-Acelerar naturalmente el metabolismo para adelgazar.

-Mejorar el Sistema digestivo.

Joseph Correa es un nutricionista deportivo certificado y un atleta profesional.

50 RECETAS DE JUGO PARA DISMINUIR SU PRESION ARTERIAL

1. Sorpresa del Amanecer

Esta receta de jugo es un solucionador de problemas cuando se trata de presión alta. Es rica en Vitaminas y minerales que harán de su cuerpo una fábrica de energía saludable.

Beneficios:

El apio es bien conocido por tener un alto contenido de calcio. El apio ayuda a controlar la presión alta. Las peras tienen antioxidantes, que ayudan a prevenir la presión alta.

Ingredientes:

- Manzanas - 2 medianas 360g
- Zanahorias - 2 medianas 122g

- Apio - 3 tallos, grandes 190g
- Limones (pelados) - 2 frutas 165g
- Peras - 2 medianas 356g

¿Cómo prepararlo?

- **Lave todos los ingredientes completamente.**
- **Hágalos jugo todos juntos y disfrute de esta bebida fresca inmediatamente.**

Calorías totales: 381

Vitaminas: Vitamina A 785ug, Vitamina C 187mg, Calcio 130mg

Minerales: Sodio 221mg, Potasio 2454mg

Azúcares 55g

2. Crema Liviana

La mejor forma de mantenerse relajado y lleno de energía durante el día es empezar con un jugo natural. Aquí tiene una gran receta que hará más que eso, mírela.

Beneficios:

Algunos compuestos de proteína que encontrará solo en la espinaca son geniales para bajar la presión arterial alta. El pimiento es conocido por reducir el colesterol y la presión alta.

Ingredientes:

- Pepino - 1/2 pepino 150g
- Perejil - 2 puñado 80g
- Pimiento - 1/2 medianos 59g
- Espinaca - 1 taza 30g
- Tomates - 3 medianos enteros 350g
- Repollo (colorado) - 1 hoja 22g

¿Cómo prepararlo?

- **Lave todos los ingredientes completamente.**
- **Hágalos jugo todos juntos y disfrute de esta bebida fresca inmediatamente.**

Calorías totales: 115

Vitaminas: Vitamina A 205ug, Vitamina C 97mg, Calcio 221mg

Minerales: Sodio 212mg, Potasio 1755mg

Azúcares 13g

3. Elevando la mente

Una variedad de frutas y vegetables hacen de esta receta una genial manera de mantener un cuerpo sano. Es por ello que esta receta es poderosa y saludable, y debería probarla en la mañana.

Beneficios:

Un estudio reciente ha mostrado que las comidas ricas en potasio también bajan la presión. Las naranjas son una gran fuente de vitamina C.

Ingredientes:

- Pepino - 1 pepino 300g
- Naranjas - 2 frutas 260g
- Ananá - 1/4 fruta 226.25g
- Espinaca - 5 puñados 125g
- Banana – 1 mediana 90g

¿Cómo prepararlo?

- **Lave todos los ingredientes completamente.**
- **Hágalos jugo todos juntos y disfrute de esta bebida fresca inmediatamente.**

Calorías totales: 184

Vitaminas: Vitamina A 421ug, Vitamina C 154mg, Calcio 202mg

Minerales: Sodio 71mg, Potasio 1322mg

Azúcares 30g

4. Jugo HT

Cuando quiera un cuerpo y mente más sanos, deberá agregar diferentes recetas de jugos que incluye vegetales de hoja y mezclarlos con ingredientes que sepan mejor para mejorar el sabor de la bebida.

Beneficios:

El jugo de lima es de gran ayuda para gente que sufre problemas del corazón porque contiene potasio. También ayuda a controlar la presión arterial, y reduce el estrés mental.

Ingredientes:

- Manzanas - 2 medianas 364g
- Col Rizada - 5 hojas 175g
- Lima - 1/2 fruta 32g
- Naranja - 150g
- Zanahorias -1 grande 70g

¿Cómo prepararlo?

- **Lave todos los ingredientes completamente.**
- **Hágalos jugo todos juntos y disfrute de esta bebida fresca inmediatamente.**

Calorías totales: 160

Vitaminas: Vitamina A 300ug, Vitamina C 191mg, Calcio 109mg

Minerales: Sodio 103mg, Potasio 1437mg

Azúcares 43g

5. Gran A

Siempre puede utilizar una receta de jugo nueva que contenga todos los minerales esenciales y vitaminas, que llevarán a su cuerpo a ser más sano. Esta es otra gran bebida matutina.

Beneficios:

La pectina en las manzanas baja los niveles de colesterol y puede también ayudar a bajar la presión. El jugo de pera tiene un efecto antiinflamatorio y es un buen proveedor de nutrientes.

Ingredientes:

- Manzanas - 2 medianas 360g
- Naranja (pelada) - 1 fruta 130g
- Peras - 2 medianas 356g
- Batata - 130g
- Lima ½ - 33g

¿Cómo prepararlo?

- **Lave todos los ingredientes completamente.**
- **Hágalos jugo todos juntos y disfrute de esta bebida fresca inmediatamente.**

Calorías totales: 307

Vitaminas: Vitamina A 610ug, Vitamina C 61mg, Calcio 123mg

Minerales: Sodio 120mg, Potasio 1221mg

Azúcares 60g

6. Día Dulce

Esta receta de jugo es genial si quiere un cambio positivo en su corazón. Si ha tenido problemas del corazón en el pasado, pruebe esta bebida y vea qué puede hacer por usted.

Beneficios:

La remolacha tiene propiedades medicinales, ayuda a normalizar la presión arterial, y también posee alta cantidad de carbohidratos, una gran fuente de energía instantánea.

Ingredientes:

- Remolacha (dorada) - 1 remolacha 80g
- Zanahorias - 3 grandes 215g
- Pepino - 1/2 pepino 150g
- Raíz de Jengibre - 1/2 pulgar 12g
- Lima - ½ 33g

¿Cómo prepararlo?

- **Lave todos los ingredientes completamente.**
- **Hágalos jugo todos juntos y disfrute de esta bebida fresca inmediatamente.**

Calorías totales: 137

Vitaminas: Vitamina A 1104ug, Vitamina C 19mg, Calcio 143mg

Minerales: Sodio 265mg, Potasio 1391mg

Azúcares 22g

7. Dios Verde

Debería probar esta receta en el almuerzo porque es muy rica en nutrientes que serán mejor absorbidos en ese momento del día y más fáciles de digerir.

Beneficios:

El pepino es un componente esencial del tejido conectivo saludable, y también ayuda a reducir la presión arterial.

Ingredientes:

- Apio - 4 tallos, grandes 255g
- Pepino - 1 pepino 300g
- Raíz de Jengibre - 1 pulgar 24g
- Limón - 1/2 fruta 42g

¿Cómo prepararlo?

- **Lave todos los ingredientes completamente.**

- **Hágalos jugo todos juntos y disfrute de esta bebida fresca inmediatamente.**

Calorías totales: 183

Vitaminas: Vitamina A 764ug, Vitamina C 171mg, Calcio 312mg

Minerales: Sodio 195mg, Potasio 1872mg

Azúcares 30g

8. Mix Sanador

Aquí hay otra gran receta de jugo que le ayudará a mejorar su salud y la forma en que se siente. Si la combinación de limón y naranja es muy fuerte para usted, simplemente elimine uno de los dos, pero será mejor si puede tomarlos juntos.

Beneficios:

El jugo de limón reduce la depresión y controla la presión arterial alta, y consumir vitamina C ayuda a reducir la incidencia de úlceras pépticas.

Ingredientes:

- Apio - 4 tallos, grandes 255g
- Limón (con cáscara) 1/2 fruta 28g
- Naranja (pelada) - 1 grande 180g
- Espinaca - 5 puñado 125g

¿Cómo prepararlo?

- **Lave todos los ingredientes completamente.**
- **Hágalos jugo todos juntos y disfrute de esta bebida fresca inmediatamente.**

Calorías totales: 202

Vitaminas: Vitamina A 250ug, Vitamina C 87mg, Calcio 211mg

Minerales: Sodio 211mg, Potasio 1501mg

Azúcares 40g

9. Jugo GRUÑIDO

Las recetas de jugo son una forma rápida de hacer frente al estilo de vida moderno para personas que buscan un cuerpo más sano. Esta es una gran receta para bajar la presión y fortalecer el corazón.

Beneficios:

El jengibre podría tener un rol en la reducción del colesterol y también ayuda a bajar la presión alta. El extracto de la piel de manzana reduce el riesgo de cáncer de hígado, así que sería mejor si lava bien e incluye la piel el jugo.

Ingredientes:

- Manzanas - 2 medianas 365g
- Apio - 3 tallos, grandes 192g
- Pepino - 1 pepino 300g
- Lima (con cáscara) - 1 fruta 65g
- Perejil - 1 puñado 150g

¿Cómo prepararlo?

- **Lave todos los ingredientes completamente.**
- **Hágalos jugo todos juntos y disfrute de esta bebida fresca inmediatamente.**

Calorías totales: 202

Vitaminas: Vitamina A 590ug, Vitamina C 156mg, Calcio 281mg

Minerales: Sodio 197mg, Potasio 1789mg

Azúcares 28g

10. Jugo de las Estrellas

Empiece su día fuerte con esta gran mezcla de frutas y vegetales deliciosos. Estos ingredientes son perfectos para usted porque son ricos en nutrientes y vitaminas.

Beneficios:

Las peras contienen glutatión anticancerígeno que ayuda a prevenir la presión alta. Las zanahorias son ricas en beta-carotenos y también reducen la presión alta.

Ingredientes:

- Zanahorias - 4 medianas 220g
- Pepino - 1 pepino 300g
- Limón - 1 fruta 58g
- Pera - 1 mediana 178g
- Apio - 1 tallos, grandes 62g

¿Cómo prepararlo?

- **Lave todos los ingredientes completamente.**
- **Hágalos jugo todos juntos y disfrute de esta bebida fresca inmediatamente.**

Calorías totales: 210

Vitaminas: Vitamina A 1044ug, Vitamina C 40mg, Calcio 139mg

Minerales: Sodio 149mg, Potasio 1451mg

Azúcares 32g

11. Jugo Menor

Cuando cada segundo es preciado y siente que se queda sin tiempo para hacerse saludable, no debería desatender su cuerpo, es por ello que esta receta hará maravillas por usted y su cuerpo en un período corto de tiempo.

Beneficios:

El apio es genial para bajar la presión alta y es también una gran fuente de nutrientes.

Ingredientes:

- Apio - 3 tallos, grandes 190g
- Pepino - 1/2 pepino 150g
- Raíz de Jengibre - 1/2 pulgar 12g
- Col Rizada - 2 hoja 70g
- Banana - 1 mediana 90g

¿Cómo prepararlo?

- Lave todos los ingredientes completamente.
- Hágalos jugo todos juntos y disfrute de esta bebida fresca inmediatamente.

Calorías totales: 200

Vitaminas: Vitamina A 503ug, Vitamina C 176mg, Calcio 276mg

Minerales: Sodio 133mg, Potasio 1569mg

Azúcares 45g

12. Mix del Señor Corazón Saludable

Asegúrese de empezar su día con esta mezcla de corazón saludable, con un gran sabor gracias a la combinación de manzana y banana.

Beneficios:

Las bananas juegan un rol importante en la reducción de la presión. Las manzanas reducen el colesterol e incrementan la densidad ósea.

Ingredientes:

- Zanahorias - 4 medianas 242g
- Apio - 3 tallos, grandes 190g
- Raíz de Jengibre - 1/2 pulgar 11g
- Banana – 1 mediana 90g
- Manzana – 1 mediana 180g

¿Cómo prepararlo?

- **Lave todos los ingredientes completamente.**
- **Hágalos jugo todos juntos y disfrute de esta bebida fresca inmediatamente.**

Calorías totales: 233

Vitaminas: Vitamina A 1312ug, Vitamina C 27mg, Calcio 143mg

Minerales: Sodio 310mg, Potasio 1670mg

Azúcares 44g

13. Bebida de Desayuno Comienzo Soleado

Aquí tiene una gran receta con la que puede empezar el día. Mantendrá sus niveles de energía altos durante el día entero y también será una excelente fuente de vitaminas, asique preste atención.

Beneficios:

Los tomates son conocidos por ser excelentes para el corazón y podrían bajar la presión. También son una gran fuente de vitamina C.

Ingredientes:

- Manzanas (verdes) - 1 mediana 180g
- Pepino - 1 pepino 300g
- Uvas (verdes) - 15 uvas 90g
- Espinaca - 2 taza 60g
- Tomate - 1 mediano entero 121g

¿Cómo prepararlo?

- **Lave todos los ingredientes completamente.**
- **Hágalos jugo todos juntos y disfrute de esta bebida fresca inmediatamente.**

Calorías totales: 179

Vitaminas: Vitamina A 540ug, Vitamina C 59mg, Calcio 144mg

Minerales: Sodio 112mg, Potasio 1448mg

Azúcares 31g

14. Retraso Lluvia de Remolacha

Si está listo para iniciar un hábito saludable, los jugos son una gran idea. La batata en esta bebida le dará un nuevo sabor que le agradará.

Beneficios:

Estudios médicos han mostrado que incluir remolacha a su dieta ayuda a proteger el cuerpo contra enfermedades cardíacas. También ayuda a regenerar células rojas y suministrar oxígeno fresco al cuerpo.

Ingredientes:

- Manzana - 1 mediana 180g
- Remolacha - 1 remolacha 170g
- Limón - 1/2 fruta 42g
- Naranjas (peladas) - 2 frutas 262g
- Batata - 1 130g

¿Cómo prepararlo?

- **Lave todos los ingredientes completamente.**
- **Hágalos jugo todos juntos y disfrute de esta bebida fresca inmediatamente.**

Calorías totales: 245

Vitaminas: Vitamina A 450ug, Vitamina C 87mg, Calcio 137mg

Minerales: Sodio 227mg, Potasio 1894mg

Azúcares 34g

15. Desfile Arcoíris

El mundo de la ciencia está descubriendo nuevas cosas acerca de cuán importantes son los vegetales y frutas para nuestra vida. Aquí hay un gran ejemplo de una receta que hará que quiera agregarla a su dieta diaria.

Beneficios:

Un estudio reciente mostró que comidas ricas en magnesio y fibra ayudan al cuerpo a bajar la presión a niveles saludables. La espinaca es una constructora de sangre y regenera células rojas.

Ingredientes:

- Apio - 4 tallos, medianos 160g
- Pepino - 1/2 pepino 150g
- Uvas - 2 tazas 180g
- Espinaca - 4 tazas 120g

¿Cómo prepararlo?

- **Lave todos los ingredientes completamente.**
- **Hágalos jugo todos juntos y disfrute de esta bebida fresca inmediatamente.**

Calorías totales: 219

Vitaminas: Vitamina A 322ug, Vitamina C 37mg, Calcio 179mg

Minerales: Sodio 144mg, Potasio 1671mg

Azúcares 38g

16. Mix Ananá Sonriente

Aquí hay otra receta que debería probar. Compártala con su familia porque es genial si le gusta el ananá.

Beneficios:

El jugo de limón es genial para el corazón y ayuda a controlas la presión alta. Una zanahoria al día reduce el riesgo de infarto en 66%.

Ingredientes:

- Zanahorias - 3 medianas 180g
- Limón - 1/2 fruta 40g
- Ananá - 1/4 fruta 225g
- Espinaca - 2 puñados 50g

¿Cómo prepararlo?

- **Lave todos los ingredientes completamente.**

- **Hágalos jugo todos juntos y disfrute de esta bebida fresca inmediatamente.**

Calorías totales: 202

Vitaminas: Vitamina A 975ug, Vitamina C 150mg, Calcio 165mg

Minerales: Sodio 210mg, Potasio 1410mg

Azúcares 37g

17. Jugo Delicia de Arándano

Esta receta es inusual con una variedad de ingredientes que no encontrará en cualquier lado asique pruébela y notará los resultados espectaculares que tendrá.

Beneficios:

Las naranjas, altas en vitamina C, ayudan a estimular a las células blancas para combatir infecciones, y bajar la presión arterial.

Ingredientes:

- Arándanos - 3 tazas, 300g
- Raíz de Jengibre - 2 pulgares 45g
- Limas (con cáscara) - 2 frutas 134g
- Banana – 1 mediana 90g

¿Cómo prepararlo?

- **Lave todos los ingredientes completamente.**
- **Hágalos jugo todos juntos y disfrute de esta bebida fresca inmediatamente.**

Calorías totales: 285

Vitaminas: Vitamina A 145ug, Vitamina C 219mg, Calcio 172mg

Minerales: Sodio 7mg, Potasio 1128mg

Azúcares 48g

18. Voto a la Col Rizada

La col rizada está llena de vitaminas y minerales necesarios que ayudarán a su cuerpo a reducir la presión alta y sentirse mejor durante el día. Agregue más hojas si no le importa el sabor agregado ya que lo hará más nutritivo.

Beneficios:

La col rizada tiene diferentes compuestos que bajan la presión alta y estudios recientes muestran que el limón ayuda a reducir el colesterol.

Ingredientes:

- Manzanas - 2 medianas 320g
- Col Rizada - 2 hoja (8-12") 70g
- Limón (pelado) - 1 fruta 58g
- Tomate - 1 mediano entero 120g

¿Cómo prepararlo?

- **Lave todos los ingredientes completamente.**
- **Hágalos jugo todos juntos y disfrute de esta bebida fresca inmediatamente.**

Calorías totales: 275

Vitaminas: Vitamina A 434ug, Vitamina C 91mg, Calcio 201mg

Minerales: Sodio 190mg, Potasio 1448mg

Azúcares 45g

19. Mix de Lima y Zanahoria

Este es un jugo genial para servir durante o después de una comida grande. La combinación de lima y pimiento le da un golpe de sabor, pero la banana la hace dulce. Si siente que es muy fuerte, agregue media banana más.

Beneficios:

El consumo regular de zanahorias reduce los niveles de colesterol y previene problemas cardíacos. También limpian el hígado.

Ingredientes:

- Zanahorias - 2 grandes 170g
- Apio - 2 tallos, grandes 128g
- Lima - 1/2 fruta 32g
- Pimiento - 1 pimiento 14g
- Espinaca - 2 tazas 60g
- Banana – 1 mediana 90g

¿Cómo prepararlo?

- **Lave todos los ingredientes completamente.**
- **Hágalos jugo todos juntos y disfrute de esta bebida fresca inmediatamente.**

Calorías totales: 110

Vitaminas: Vitamina A 875ug, Vitamina C 32mg, Calcio 127mg

Minerales: Sodio 255mg, Potasio 1329mg

Azúcares 15g

20. Pepino Alto

Si tener un cuerpo sano es su meta, tiene que probar este jugo. Puede reducir la cantidad de cebolla si no le gusta el sabor, pero sería recomendable dejarla por los beneficios de salud.

Beneficios:

El perejil funciona como antioxidante y ayuda a mantener un nivel saludable de presión arterial. El jugo de tomate es una fuente excelente de vitamina C, calcio y fósforo.

Ingredientes:

- Pepino - 1 pepino 300g
- Limón - 1 fruta 55g
- Cebolla - 15g
- Perejil - 1 puñado 40g
- Tomates - 2 pequeños enteros 180g

¿Cómo prepararlo?

- **Lave todos los ingredientes completamente.**
- **Hágalos jugo todos juntos y disfrute de esta bebida fresca inmediatamente.**

Calorías totales: 79

Vitaminas: Vitamina A 255ug, Vitamina C 105mg, Calcio 98mg

Minerales: Sodio 30mg, Potasio 1077mg

Azúcares 10g

21. Mix de Brócoli

Veamos si este delicioso jugo es lo que busca. Una de las mejores cosas de las recetas de jugos es que no llevan mucho tiempo de preparación y los resultados son excelentes.

Beneficios:

El brócoli ayuda al funcionamiento adecuado de la insulina y regula el azúcar en sangre, regulando también la presión.

Ingredientes:

- Manzana - 1 mediana 180g
- Brócoli - 1 tallos 150g
- Zanahorias - 2 grandes 110g
- Apio - 3 tallos, grandes 190g
- Aceite de Oliva - 1 cucharada 13.5g

¿Cómo prepararlo?

- **Lave todos los ingredientes completamente.**
- **Hágalos jugo todos juntos y disfrute de esta bebida fresca inmediatamente.**

Calorías totales: 224

Vitaminas: Vitamina A 1003ug, Vitamina C 110mg, Calcio 196mg

Minerales: Sodio 215mg, Potasio 1335mg

Azúcares 19g

22. Mix Sorpresa de Arándanos

Los arándanos saben bien y son muy buenos antioxidantes. Mezclar estos ingredientes le dará un gran jugo para beber a cualquier hora del día.

Beneficios:

Las vitaminas hacen que nuestro cuerpo funcione apropiadamente y se encuentran en abundancia en los arándanos. También ayudan a mantener un sistema inmune fuerte.

Ingredientes:

- Manzana - 1 mediana 180g
- Arándano - 1 taza 140g
- Brócoli - 1 tallo 151g
- Tomate - 1 mediano entero 120g

¿Cómo prepararlo?

- **Lave todos los ingredientes completamente.**
- **Hágalos jugo todos juntos y disfrute de esta bebida fresca inmediatamente.**

Calorías totales: 203

Vitaminas: Vitamina A 784ug, Vitamina C 102mg, Calcio 115mg

Minerales: Sodio 188mg, Potasio 1431mg

Azúcares 39g

23. Jugo de Jengibre En Forma

Aquí tiene otra gran receta que puede disfrutar en cualquier momento del día, solo asegúrese de prepararla 30 minutos antes de una comida grande.

Beneficios:

La pectina en las zanahorias reduce los niveles de colesterol sérico y es rica en vitamina A, que es buena para mejorar la vista.

Ingredientes:

- Zanahorias - 2 medianas 120g
- Raíz de Jengibre - 1/2 12g
- Limón - 1 fruta 50g
- Espinaca - 2 puñados 50g

¿Cómo prepararlo?

- Lave todos los ingredientes completamente.
- Hágalos jugo todos juntos y disfrute de esta bebida fresca inmediatamente.

Calorías totales: 190

Vitaminas: Vitamina A 1059ug, Vitamina C 71mg, Calcio 161mg

Minerales: Sodio 192mg, Potasio 1430mg

Azúcares 31g

24. Mix de Banana y Naranja

Este es un jugo maravilloso para gente con problemas serios de presión y del corazón. Los ingredientes están repletos de nutrientes que ayudarán a fortalecer el sistema inmune también.

Beneficios:

Las naranjas, siendo altas en flavonoides y vitamina C, son conocidas por reducir el riesgo de enfermedades cardíacas. Un flavonoide llamado hesperidina, puede bajar la presión alta.

Ingredientes:

- Manzanas - 2 medianas 360g
- Raíz de Jengibre - 1/2 pulgar 12g
- Lima- ½ 30g
- Naranja (pelada) - 1 fruta 130g
- Banana – 1 mediana 90g

¿Cómo prepararlo?

- **Lave todos los ingredientes completamente.**
- **Hágalos jugo todos juntos y disfrute de esta bebida fresca inmediatamente.**

Calorías totales: 166

Vitaminas: Vitamina A 15ug, Vitamina C 71mg, Calcio 115mg

Minerales: Sodio 85mg, Potasio 982mg

Azúcares 34g

25. Pomelo Evitador de Problemas Cardíacos

Este es un gran jugo para prevenir problemas de presión y del corazón. El pomelo es una fruta poderosa con propiedades reductoras de colesterol. Puede agregar una fruta entera si no le molesta el sabor ya que será mejor.

Beneficios:

Incluir apio en su dieta ayuda a proteger el cuerpo contra enfermedades cardíacas y baja la presión. Las zanahorias tienen un efecto de limpieza en el hígado y ayuda a liberar más bilis.

Ingredientes:

- Manzana - 1 grande 200g
- Pomelo - 1/2 grande pelado 160g
- Remolacha - 1 remolacha 175g
- Zanahorias - 4 medianas 244g
- Apio - 1 tallo, grande 60g

¿Cómo prepararlo?

- **Lave todos los ingredientes completamente.**
- **Hágalos jugo todos juntos y disfrute de esta bebida fresca inmediatamente.**

Calorías totales: 175

Vitaminas: Vitamina A 1632ug, Vitamina C 38mg, Calcio 181mg

Minerales: Sodio 398mg, Potasio 1651mg

Azúcares 33g

26. Poder de Granada

La granada es una fruta deliciosa que agregará un sabor distintivo a este jugo. Pruébelo de mañana o tarde pero no a la noche.

Beneficios:

El jugo de limón ayuda a controlar la presión arterial alta y previene la depresión y el estrés mental.

Ingredientes:

- Arándano - 1 taza 145g
- Limón – 1/2 frutas 30g
- Granada - 1 granada 280g
- Banana – 1 mediana 100g

¿Cómo prepararlo?

- **Lave todos los ingredientes completamente.**

- **Hágalos jugo todos juntos y disfrute de esta bebida fresca inmediatamente.**

Calorías totales: 176

Vitaminas: Vitamina A 4ug, Vitamina C 42mg, Calcio 27mg

Minerales: Sodio 6mg, Potasio 580mg

Azúcares 35g

27. Un Inicio Positivo

¡Qué combinación de vitaminas y minerales en este jugo! La col rizada y espinaca juntas en una bebida es espectacular. Asegúrese de tomarlo al menos 1 vez por semana.

Beneficios:

La gente que come 2 manzanas por día reducen su colesterol en 15%. Las manzanas también reducirían la presión arterial.

Ingredientes:

- Manzanas - 2 medianas 360g
- Col Rizada - 2 hojas 70g
- Espinaca - 2 tazas 50g
- Lima – ½ fruta 30g

¿Cómo prepararlo?

- **Lave todos los ingredientes completamente.**
- **Hágalos jugo todos juntos y disfrute de esta bebida fresca inmediatamente.**

Calorías totales: 132

Vitaminas: Vitamina A 453ug, Vitamina C 87mg, Calcio 126mg

Minerales: Sodio 51mg, Potasio 815mg

Azúcares 25g

28. Corte de Zanahoria

Pruebe este jugo y se sorprenderá de lo sabroso que es, y no nos olvidemos de todos los nutrientes vitales que vienen acompañados. Es obligatorio para gente con hipertensión.

Beneficios:

La pectina en las zanahorias reduce los niveles de colesterol sérico y algunos estudios muestran que podrían jugar un rol en bajar la presión.

Ingredientes:

- Manzanas - 2 medianas 360g
- Zanahorias - 2 medianas 120g
- Raíz de Jengibre - 1/2 pulgar 12g
- Pepino - 1 pequeño 200g

¿Cómo prepararlo?

- **Lave todos los ingredientes completamente.**
- **Hágalos jugo todos juntos y disfrute de esta bebida fresca inmediatamente.**

Calorías totales: 185

Vitaminas: Vitamina A 750ug, Vitamina C 25mg, Calcio 54mg

Minerales: Sodio 48mg, Potasio 609mg

Azúcares 27g

29. Adoración al Durazno

No importa qué hora sea, este jugo puede ser servido a cualquier hora. Mire los ingredientes y prepárese para un jugo delicioso con un sabor realmente fantástico.

Beneficios:

Los duraznos ayudarían a mantener una presión balanceada, y también son purificadores de la sangre.

Ingredientes:

- Zanahorias - 3 medianas 130gg
- Limón - 1/2 fruta 42g
- Duraznos - 5 medianos 750g
- Naranja - 1 mediana 120g

¿Cómo prepararlo?

- **Lave todos los ingredientes completamente.**

- **Hágalos jugo todos juntos y disfrute de esta bebida fresca inmediatamente.**

Calorías totales: 362

Vitaminas: Vitamina A 520ug, Vitamina C 71mg, Calcio 215mg

Minerales: Sodio 401mg, Potasio 3024mg

Azúcares 7g

30. Dulce P

Aquí hay otro jugo sabroso con batata, que está llena de vitaminas y minerales. Es muy rico en beta-carotenos, que son fundamentales en la prevención de hipertensión y problemas de piel.

Beneficios:

Las batatas son una buena fuente de nutrientes, y la remolacha ayuda a limpiad la sangre.

Ingredientes:

- Manzanas - 2 medianas 364g
- Remolacha - 1 remolacha 82g
- Batata - 1 batata, 130g
- Banana – 1 mediana 100g

¿Cómo prepararlo?

- **Lave todos los ingredientes completamente.**
- **Hágalos jugo todos juntos y disfrute de esta bebida fresca inmediatamente.**

Calorías totales: 201

Vitaminas: Vitamina A 640ug, Vitamina C 16mg, Calcio 53mg

Minerales: Sodio 420mg, Potasio 3105mg

Azúcares 30g

31. Mix de Ananá y Naranja

Una mente y cuerpo sanos deberían ser lema de todo individuo. Agregue o reduzca la cantidad de jengibre y col rizada dependiendo de su preferencia.

Beneficios:

Las naranjas ayudan a reducir la presión arterial, y el jengibre reduce el colesterol.

Ingredientes:

- Raíz de Jengibre - 1/2 pulgar 12g
- Col Rizada - 4 hojas 140g
- Naranja - 1 pequeña 96g
- Ananá - 1 taza, en trozos 165g
- Pepino - 1 300g

¿Cómo prepararlo?

- **Lave todos los ingredientes completamente.**
- **Hágalos jugo todos juntos y disfrute de esta bebida fresca inmediatamente.**

Calorías totales: 250

Vitaminas: Vitamina A 594ug, Vitamina C 241mg, Calcio 203mg

Minerales: Sodio 39mg, Potasio 1160mg

Azúcares 40g

32. Sabor de Remolacha y Durazno

¿Qué es más importante que su propia salud? Tómese tiempo para alimentar su cuerpo con las vitaminas y nutrientes correctos con este jugo. No preste atención al color de la bebida, ya que es el sabor lo que hará la diferencia.

Beneficios:

El alto contenido de hierro en la remolacha genera y reactiva las células rojas. También normaliza la presión arterial, reduciendo o elevándola.

Ingredientes:

- Manzana - 1 mediana 180g
- Remolacha - 1 remolacha 82g
- Limón - 1/2 fruta 29g
- Durazno - 1 mediano 120g

¿Cómo prepararlo?

- **Lave todos los ingredientes completamente.**
- **Hágalos jugo todos juntos y disfrute de esta bebida fresca inmediatamente.**

Calorías totales: 180

Vitaminas: Vitamina A 10ug, Vitamina C 101mg, Calcio 45mg

Minerales: Sodio 44mg, Potasio 760mg

Azúcares 39g

33. Golpe de Espinaca

Los jugos se han vuelto una forma muy popular para hacerse saludable, pero no son tan populares como lo serán en el futuro. Póngase un paso adelante del resto jugando su paso a una presión arterial controlada con este mix de espinaca.

Beneficios:

El jengibre es genial para reducir la presión arterial y el riesgo de cáncer.

Ingredientes:

- Manzanas - 1 mediana 180g
- Zanahorias - 2 medianas 120g
- Raíz de Jengibre - 1/2 pulgar 12g
- Lima - 1 fruta 55g
- Espinaca – 2 puñados 50g

¿Cómo prepararlo?

- **Lave todos los ingredientes completamente.**
- **Hágalos jugo todos juntos y disfrute de esta bebida fresca inmediatamente.**

Calorías totales: 193

Vitaminas: Vitamina A 1785ug, Vitamina C 98 mg, Calcio 94mg

Minerales: Sodio 156mg, Potasio 1459mg

Azúcares 33g

34. Mix Saludable FB

Su salud debería ser tratada seriamente. Tener presión alta es serio y debería ser cuidado. Este jugo es un buen comienzo hacia el mantener la presión estabilizada.

Beneficios:

Beber jugo de hinojo es beneficioso para la gente con problemas cardíacos ya que contiene potasio. El jengibre incrementa la circulación sanguínea y combate la fiebre.

Ingredientes:

- Manzanas - 2 medianas 360g
- Hinojo - 1 hinojo 230g
- Raíz de Jengibre - 1/2 pulgar 12g
- Naranja (pelada) - 1 fruta 130g

¿Cómo prepararlo?

- **Lave todos los ingredientes completamente.**
- **Hágalos jugo todos juntos y disfrute de esta bebida fresca inmediatamente.**

Calorías totales: 153

Vitaminas: Vitamina A 15ug, Vitamina C 70mg, Calcio 118mg

Minerales: Sodio 79mg, Potasio 1144mg

Azúcares 31g

35. Remolacha Rápida

Una buena solución para cualquier tipo de problema de salud es agregar frutas y vegetales a las recetas de jugos. Vea los beneficios y todos los ingredientes que recibirá de este jugo, y el sabor diferente del perejil.

Beneficios:

El perejil se ha usado en estudios en animales para incrementar la capacidad antioxidante de la sangre. La remolacha es de ayuda para limpiar el hígado, y éste ayuda a metabolizar grasa.

Ingredientes:

- Manzana - 1 mediana 180g
- Remolacha - 1/2 remolacha 40g
- Zanahorias - 3 medianas 180g
- Perejil - 1 puñado 40g
- Lima – ½ 30g

¿Cómo prepararlo?

- **Lave todos los ingredientes completamente.**
- **Hágalos jugo todos juntos y disfrute de esta bebida fresca inmediatamente.**

Calorías totales: 119

Vitaminas: Vitamina A 1174ug, Vitamina C 45mg, Calcio 121mg

Minerales: Sodio 190mg, Potasio 1005mg

Azúcares 22g

36. Jugo Ananá A Más

La combinación de ananá y manzana hacen que este jugo sepa delicioso, y los otros ingredientes le dan vitaminas, haciéndolo una buena opción para cualquier momento del día.

Beneficios:

El jugo de ananá es rico en vitaminas y ayuda a reducir la presión sanguínea y los niveles de colesterol.

Ingredientes:

- Manzana - 1 mediana 180g
- Limón - 1/2 frutas 25g
- Naranja (pelada) - 1 grande 180g
- Ananá - 1/4 fruta 225g
- Pepino – 1 300g

¿Cómo prepararlo?

- **Lave todos los ingredientes completamente.**
- **Hágalos jugo todos juntos y disfrute de esta bebida fresca inmediatamente.**

Calorías totales: 215

Vitaminas: Vitamina A 41ug, Vitamina C 140mg, Calcio 90mg

Minerales: Sodio 5mg, Potasio 837mg

Azúcares 49g

37. Doblete Mango Naranja

A medida que su cuerpo envejece, si no cuida de él podrá encontrar diferentes problemas. Uno de ellos es la presión alta. Esta receta lo ayudará a control la hipertensión y prevenir otros problemas.

Beneficios:

Las naranjas, al ser altas en Vitamina C, pueden ayudar a estimular las células blancas para combatir infecciones, construyendo naturalmente un buen sistema inmune. El mango reduce el colesterol.

Ingredientes:

- Manzana - 1 grande 223g
- Limón (pelado) - 1/2 fruta 29g
- Mango (pelado) - 1 fruta 336g
- Naranja - 1 grande 184g
- Espinaca – 50g

¿Cómo prepararlo?

- **Lave todos los ingredientes completamente.**
- **Hágalos jugo todos juntos y disfrute de esta bebida fresca inmediatamente.**

Calorías totales: 245

Vitaminas: Vitamina A 146ug, Vitamina C 147mg, Calcio 91mg

Minerales: Sodio 4mg, Potasio 860mg

Azúcares 50g

38. Delicia Naranja

Pruebe esta receta y vea cómo los beneficios cambiarán la forma en que se siente y mueve durante el día. Verá después del primer día que no querrá perdérselo ningún otro.

Beneficios:

Las zanahorias hacen maravillas impulsando el sistema inmune por la producción y performance de las células blancas. Las naranjas bajan la presión alta.

Ingredientes:

- Manzanas - 2 grande 400g
- Zanahorias - 5 medianas 200g
- Naranja - 1 grande 184g
- Duraznos - 2 grandes 350g
- Banana – 1 mediana 100g

¿Cómo prepararlo?

- **Lave todos los ingredientes completamente.**
- **Hágalos jugo todos juntos y disfrute de esta bebida fresca inmediatamente.**

Calorías totales: 379

Vitaminas: Vitamina A 3376ug, Vitamina C 116mg, Calcio 220mg

Minerales: Sodio 291mg, Potasio 2521mg

Azúcares 80g

39. Arándano Ligero

Esta receta es genial para servir al final del día, porque hará que su cuerpo se relaje más rápidamente antes de dormir. También le dará un montón de vitaminas y minerales para iniciar el día siguiente.

Beneficios:

Los arándanos son una gran fuente de vitaminas y minerales. Bajan la presión y mejoran la circulación de la sangre.

Ingredientes:

- Manzanas - 3 medianas 546g
- Arándanos - 1/2 taza, enteros 50g
- Raíz de Jengibre - 1/4 pulgar 6g
- Naranja - 1 grande (184g)
- Lima – ½ fruta 25 g
- Espinaca – 50g

¿Cómo prepararlo?

- **Lave todos los ingredientes completamente.**
- **Hágalos jugo todos juntos y disfrute de esta bebida fresca inmediatamente.**

Calorías totales: 220

Vitaminas: Vitamina A 23ug, Vitamina C 87mg, Calcio 80mg

Minerales: Sodio 5mg, Potasio 725mg

Azúcares 41g

40. Mix Reductor de Estrés

Si su problema es el estrés, entonces debería ver los efectos que este jugo tendrá en usted. Es genial y no se preocupará tanto ahora que recibe una gran cantidad de nutrientes.

Beneficios:

El apio calma los nervios por su alto contenido de calcio y ayuda a controlar la presión alta. El apio crudo debería ser comido para reducir la presión

Ingredientes:

- Manzana - 1 mediana 180g
- Apio - 2 tallos, grandes 120gg
- Limón (con cáscara) - 1/2 fruta 42g
- Banana – 1 mediana 100g

¿Cómo prepararlo?

- **Lave todos los ingredientes completamente.**
- **Hágalos jugo todos juntos y disfrute de esta bebida fresca inmediatamente.**

Calorías totales: 128

Vitaminas: Vitamina A 101ug, Vitamina C 87mg, Calcio 140mg

Minerales: Sodio 124mg, Potasio 1027mg

Azúcares 19g

41. Victoria B

Esta receta debería estar primera en su lista. Tiene un gran contenido de vitaminas y minerales. El mejor momento de tomarla sería en la mañana por su impulso de energía.

Beneficios:

La remolacha es alta en carbohidratos, lo que significa que es una gran fuente de energía instantánea. Es una gran purificadora de sangre.

Ingredientes:

- Manzana - 1 grande 200g
- Remolacha - 1 remolacha 170g
- Zanahorias - 4 medianas 241g
- Apio - 1 tallo, grande 60g

¿Cómo prepararlo?

- **Lave todos los ingredientes completamente.**
- **Hágalos jugo todos juntos y disfrute de esta bebida fresca inmediatamente.**

Calorías totales: 155

Vitaminas: Vitamina A 1292ug, Vitamina C 34mg, Calcio 175mg

Minerales: Sodio 300mg, Potasio 1750mg

Azúcares 30g

42. Trago Doble AA

Luego de una comida debería esperar 30-60 minutos antes de beber este jugo. Mire los ingredientes y cómo prepararlo antes de empezar. Prepárese para una fuente de vitaminas y minerales deliciosa y muy sabrosa.

Beneficios:

La palta reduce el riesgo de enfermedades cardíacas y ayuda al sistema inmune a volverse más fuerte.

Ingredientes:

- Manzanas – 1 mediana 150g
- Palta - 1 palta 188g
- Lima - 1 fruta 60g
- Espinaca - 2 tazas 60g

¿Cómo prepararlo?

- **Lave todos los ingredientes completamente.**
- **Hágalos jugo todos juntos y disfrute de esta bebida fresca inmediatamente.**

Calorías totales: 353

Vitaminas: Vitamina A 243ug, Vitamina C 47mg, Calcio 164mg

Minerales: Sodio 152mg, Potasio 1788mg

Azúcares 20g

43. Jugo VIGA

Si quiere empezar a controlar su hipertensión de forma rápida y efectiva, entonces debería empezar con este jugo. Es fácil de preparar y es una alta fuente de antioxidantes necesarios para prevenir todas las enfermedades.

Beneficios:

Muchos nutrientes están contenidos en el kiwi, incluyendo hierro, cobre y vitaminas. Los estudios indican que ayudaría a reducir enfermedades cardíacas.

Ingredientes:

- Moras - 1 taza 120g
- Kiwi - 1 fruta 69g
- Manzana -2 grandes 360 g
- Lima – ½ 30 g

¿Cómo prepararlo?

- **Lave todos los ingredientes completamente.**
- **Hágalos jugo todos juntos y disfrute de esta bebida fresca inmediatamente.**

Calorías totales: 183

Vitaminas: Vitamina A 80ug, Vitamina C 110mg, Calcio 75mg

Minerales: Sodio 7mg, Potasio 560mg

Azúcares 30g

44. Mix Doble Diario

Un estilo de vida saludable debería consistir en ejercicio diario y una dieta cuidada. Es por ello que este jugo debería ser tomado usualmente en la mañana para ayudar a empezar su día con una dosis fuerte de beta-carotenos.

Beneficios:

El apio y las manzanas ayudan a reducir la presión alta, y son una gran fuente de nutrientes.

Ingredientes:

- 2 Zanahorias Grandes, 200g
- Tomates - 1 mediano 110g
- Manzana – 1 mediana 100g
- Apio - 1 tallo 50g

¿Cómo prepararlo?

- **Lave todos los ingredientes completamente.**
- **Hágalos jugo todos juntos y disfrute de esta fresca bebida inmediatamente**

Calorías totales: 163

Vitaminas: Vitamina A 400µg, Vitamina C 15mg, Calcio 20mg

Minerales: Sodio 13mg, Potasio 223 mg

Azúcares 15g

45. Papa Picante

Si estaba buscando algo que pueda ayudar a los problemas de salud de presión, debería ver este jugo y probarlo. Puede tomarlo en la mañana, pero también durante el día. Se ve bien y sabe aún mejor por todos los ingredientes dulces que tiene.

Beneficios:

Las naranjas son una gran fuente de Vitaminas y pueden también ayudar a reducir la presión alta.

Ingredientes:

- Manzanas – 2, 360g
- Apio - 1 tallo, 65g
- Naranja (pelada) - 125g
- Batata - 120g
- Banana – 1 mediana 100g

¿Cómo prepararlo?

- **Lave todos los ingredientes completamente.**
- **Hágalos jugo todos juntos y disfrute de esta fresca bebida inmediatamente**

Calorías totales: 330

Vitaminas: Vitamina A 690µg, Vitamina C 75mg, Calcio 150mg

Minerales: Sodio 76mg, Potasio 349mg

Azúcares 55g

46. Golpe de Poder

Hay muchas recetas que le brindarán resultados positivos a su salud, pero esta es específica para la hipertensión. Puede eliminar la lima si le da un sabor muy fuerte para su paladar.

Beneficios:

Las zanahorias incrementan la performance de las células blancas y ayudan a eliminar el exceso de fluidos del cuerpo. La presión también se reduce.

Ingredientes:

- Zanahorias - 2 medianas 120g
- Apio - 1 tallo, 50g
- Tomates - 2 medianos enteros 220g
- Banana – 1 mediana 100g
- Lima – ½ 25g

¿Cómo prepararlo?

- **Lave todos los ingredientes completamente.**
- **Hágalos jugo todos juntos y disfrute de esta fresca bebida inmediatamente**

Calorías totales: 85

Vitaminas: Vitamina A 900μg, Vitamina C 140mg, Calcio 197mg

Minerales: Sodio 24mg, Potasio 268mg

Azúcares 14g

47. Mix Máxima Fuerza

Esta receta es genial para servir en la mañana por el sabor fuerte que tiene y los efectos maravillosos que tendrá sobre su cuerpo a lo largo del día. Puede sumar o reducir porciones para satisfacer sus necesidades

Beneficios:

Las manzanas son una gran fuente de vitaminas y son también conocidas por reducir la presión alta y por tener altos contenidos de nutrientes.

Ingredientes:

- Manzanas -1 grande – 120g
- Raíz de Jengibre - 45g
- Pomelo (pelado)- 300g

¿Cómo prepararlo?

- **Lave todos los ingredientes completamente.**
- **Hágalos jugo todos juntos y disfrute de esta fresca bebida inmediatamente**

Calorías totales: 220

Vitaminas: Vitamina A 123µg, Vitamina C 200mg, Calcio 139mg

Minerales: Sodio 9mg, Potasio 220mg

Azúcares 42g

48. Mix Golpe de Frutilla

Este jugo es alto en vitamina C por todas las frutillas en él y el limón. Las zanahorias agregan beta-carotenos a los beneficios, haciendo una bebida genial.

Beneficios:

Las frutillas ayudan a reducir las tasas de muerte por cáncer, y son conocidas por reducir el riesgo de enfermedades cardíacas.

Ingredientes:

- Manzana – 1 grande 120g
- Limón - 1/2 fruta 32g
- Frutilla - 2 tazas, 230g
- Zanahoria - 1 pequeña, 50g

¿Cómo prepararlo?

- **Lave todos los ingredientes completamente.**
- **Hágalos jugo todos juntos y disfrute de esta fresca bebida inmediatamente**

Calorías totales: 190

Vitaminas: Vitamina A 11µg, Vitamina C 185mg, Calcio 68mg

Minerales: Sodio 4mg, Potasio 850mg

Azúcares 40g

49. Jugo de Energía Extra

Todos sabemos que los vegetales y las frutas son saludables para nuestro cuerpo, y por ello debería empezar a beber jugos que contengan una gran variedad de ellos, pero con buen sabor. Esta es una bebida inusual, pero puede ser adaptada si no le gusta algún ingrediente.

Beneficios:

Estudios muestran que los arándanos bajan la presión arterial y son buenos para impulsar el sistema inmune.

Ingredientes:

- Col de Bruselas – 1 col 17g
- Pepino - 1, 300g
- Ananá – ¼ 220g
- Espinaca – 2 puñados 50g
- Arándanos – 2 tazas 190g

¿Cómo prepararlo?

- **Lave todos los ingredientes completamente.**
- **Hágalos jugo todos juntos y disfrute de esta fresca bebida inmediatamente**

Calorías totales: 150

Vitaminas: Vitamina A 410µg, Vitamina C 204mg, Calcio 209mg

Minerales: Sodio 79mg, Potasio 470mg

Azúcares 34g

50. Jugo BOAP

Tener vidas restringidas por el tiempo y días ocupados no es excusa para no enfocarse en controlar la presión alta, asique asegúrese de hacer lo necesario para beber hacia una mejor salud de forma consistente.

Beneficios:

Las naranjas, al ser altas en vitamina C, reducen el riesgo de enfermedades cardíacas, y también ayudan a disminuir los niveles de presión.

Ingredientes:

- Manzana - 1 mediana 180g
- Naranjas - 2 grandes 365g
- Durazno - 2 medianos 300g
- Banana – 1 mediana 120g

¿Cómo prepararlo?

- **Lave todos los ingredientes completamente.**
- **Hágalos jugo todos juntos y disfrute de esta fresca bebida inmediatamente**

Calorías totales: 940

Vitaminas: Vitamina A 50µg, Vitamina C 110mg, Calcio 100mg

Minerales: Sodio 30mg, Potasio 120mg

Azúcares 40g

OTROS GRANDES TITULOS DE ESTE AUTOR

Entrenamiento de Fortaleza Mental Avanzado para Fisiculturistas: Usando la Visualización para Empujarse al Límite

Por

Joseph Correa

Nutricionista Deportivo Certificado

Haciéndose más Fuerte Mentalmente en el Fisiculturismo Usando la Meditación: Alcance su Potencial Controlando sus Pensamientos Internos

Por

Joseph Correa

Nutricionista Deportivo Certificado

www.ingramcontent.com/pod-product-compliance
Lightning Source LLC
Chambersburg PA
CBHW070152080526
44586CB00015B/1959